The Café of Warm Coffee and Other Stories

Coledown Bilingual Books

Published by Coledown Bilingual Books, 2023.

While every precaution has been taken in the preparation of this book, the publisher assumes no responsibility for errors or omissions, or for damages resulting from the use of the information contained herein.

THE CAFÉ OF WARM COFFEE AND OTHER STORIES

First edition. October 11, 2023.

ISBN: 979-8223356165

Written by Coledown Bilingual Books.

Table of Contents

La Perdita Skribado 1

The Lost Writing 5

La Aventuroj de la Malgranda Kato 9

The Adventures of the Little Cat 13

La Miraklo de la Muzika Skatolo 17

The Miracle of the Musical Box 21

La Dolĉa Aventuro de Kukbako 25

The Sweet Adventure of Cake Baking 27

La Kafejo de Varma Kafeo 31

The Café of Warm Coffee 33

Taga Vojaĝo al la Strando 35

A Day Trip to the Beach 37

La Pescisto de la Tranquila Rivero 39

The Fisherman of the Tranquil River 41

La Forgesema Instruisto 43

The Forgetful Teacher 45

La Teo-Partio de la Elefantoj 47

The Elephant Tea Party 49

La Futbal-Ludo 51

The Soccer Match 53

La Muso de la Vindmuelo 55

The Windmill Mouse 57

La Perdita Skribado

En la malgranda urbo nomita Verdeno, loĝis junulo nomita David. David estis talenta verkisto, kies songô estis krei historion, kiu ĉiujn kaptus kaj ravus. Li pasigis siajn tagojn antaŭ la maŝino skribante vortojn, kiujn li esperis iun tagon vidos la lumon de la tago.

Sed, en la pasintaj jaroj, David perdis sian inspirajôn. La vortoj ne fluadis el liaj fingroj kiel antaŭe, kaj liaj rakontoj iĝis senvivaj kaj senesprimaj. La junulo sentis sin kvazaŭ perdiĝinta en vasta dezerto de malkredebleco. Liaj rakontoj estis nur mallumaj ombroj de la brilaj kreitaĵoj, kiujn li iam kreis.

Tage, David pasigis siajn horojn en la urboparko, sidante sur ŝtona benko sub la ombro de maljuna kverko. Li rigardis la homojn, kiuj iris preter li, kaj li ekpensis pri iliaj vivoj, iliaj spertoj, kaj iliaj koroj. Ĉiuj estis kiel vivaj rakontoj, prontaj por esti rakontitaj, sed David ne trovis la vortojn por fari tion.

Unu tagon, en la parko, David renkontis malgrandan knabinon nomita Lia. Ŝi estis proksimume ok jarojn aĝa, kun brilaj okuloj kaj bunta rubandeto en ŝiaj haroj. Lia eksciis, ke Lia amas rakonti historiojn kaj ke ŝi mem jam kreis multajn rakontojn.

La du junuloj komencis interparoli, kaj David aŭskultis, kiel Lia rakontis pri ŝiaj aventuroj kaj fabeloj. Ŝia vivo estis plena de imagaj kreaĵoj kaj mirindaj vojaĝoj, kiujn ŝi kunpensis. David estis mirigita pri ŝia kapablo esprimi siajn pensojn per vortoj tiel facile.

"Kial vi estas tiel bona rakontisto?" demandis David.

Lia ridetis kaj respondis: "Mi ne scias. Simpla estas rakonti. Mi simple rakontas tion, kion mi vidis en mia kapo."

Tio ĉi fariĝis katalizilo por David. Li ekvidis la simplecon de Lia rakontado kaj la senlimajn kreojn, kiujn ŝi povis elpensi. Ŝiaj vortoj ne estis ĉirkaŭataj de la timo, ke ili povus esti malĝustaj aŭ ne-sufiĉaj. Ŝi nur esprimis sin sincere kaj kreive.

David decidis, ke li provos ion similan. Li forlasis la parkon kaj iris reen al sia laborejo. Li sidis antaŭ sia maŝino kaj komencis tajpi vortojn, ne zorgante pri ĝusteco aŭ stilo. Li nur lasis siajn pensojn flui kaj formiĝi en historio, sen timo pri la rezulto.

La unua paĝo, kiun li skribis, estis senordiga kaj stranga, sed li ne ĉesis. Li plenumis paĝon post paĝo, kaj la pli li skribis, la pli li sentis, kiel la vortoj komencis reveni al li. Li sentis, ke lia inspiraĵo renaskiĝis.

Post monatoj de senfina laboro, David finis sian unuan verkon post la longa paŭzo. Li estis nervega, sed decidis publikigi ĝin senŝame. Li publikigis la rakonton en retejo por legado kaj eksciis, ke homoj ĝin amis. Ili admiros la sinceron de lia verkado kaj la emocion, kiun lia rakonto elvokis.

David ekscitis pri la ideo, ke lia skribo povis atingi homojn kaj movi ilian korojn. Li komprenis, ke perfekteco ne estas necesa, sed esprimi sin sincere kaj kreive estas ĉio, kion oni vere bezonas.

Li ne lasis la timon pri fiasko deteni lin plu, kaj li komencis skribi senĉese.

Liaj rakontoj fariĝis amataj ĉirkaŭ la mondo, kaj David gajnis legantaron da fervoraj sekvantoj. Lia inspira rakontado ne nur allogis multajn, sed ankaŭ inspiiris homojn al siaj propraj kreaĵoj. Li eksciiĝis pri la forto de la vortoj, kiujn li povis krei, kaj la kapablo ilin dividi kun aliaj.

Li ofte rememoris sian renkonton kun la knabino Lia, kiu malfermis liajn okulojn al la simpla, senlima beleco de rakontado. Ŝi estis la unua lumo en lia mallumo kaj restos eterne en lia koro.

Tiel, David eltrovis sian inspiraĵon kaj sentis sin plena kiel verkisto. Li komprenis, ke la plej granda sekreto de rakontado estas lasi la vortojn libere flui kaj esprimi sin sincere, sen timo pri kritiko. La perdo de lia skribado finfine kondukis lin al nova kompreno kaj la malkovro de la vera potenco de la vortoj.

The Lost Writing

In the small town called Verdant, there lived a young man named David. David was a talented writer, whose dream was to create a story that would captivate and enchant everyone. He spent his days in front of the typewriter, typing words that he hoped would one day see the light of day.

But, in the past few years, David had lost his inspiration. The words didn't flow from his fingers as they used to, and his stories became lifeless and uninspired. The young man felt as if he were lost in a vast desert of disbelief. His stories were mere shadowy remnants of the brilliant creations he once crafted.

During the day, David spent his hours in the town park, sitting on a stone bench under the shade of an old oak tree. He watched the people passing by, and he pondered their lives, their experiences, and their hearts. Everyone was like living stories, ready to be told, but David couldn't find the words to do so.

One day, in the park, David met a little girl named Lia. She was about eight years old, with bright eyes and a colorful ribbon in her hair. He found out that Lia loved telling stories and that she had already created many tales of her own.

The two young people started talking, and David listened as Lia told him about her adventures and fables. Her life was full of imaginative creatures and wonderful journeys that she had concocted. David was amazed at her ability to express her thoughts in words so effortlessly.

"Why are you such a good storyteller?" David asked.

She giggled and replied, "I don't know. It's simple to tell stories. I just tell what I see in my head."

This became a catalyst for David. He saw the simplicity of Lia's storytelling and the limitless creations she could come up with. Her words were not encumbered by fear of being wrong or inadequate. She simply expressed herself sincerely and creatively.

David decided to try something similar. He left the park and went back to his workspace. He sat in front of his typewriter and began typing words, not caring about correctness or style. He just let his thoughts flow and shape into a story, without fear of the outcome.

The first page he wrote was chaotic and strange, but he didn't stop. He filled page after page, and the more he wrote, the more he felt the words returning to him. He felt his inspiration being reborn.

After months of endless work, David finished his first piece after the long hiatus. He was nervous, but he decided to publish it without shame. He shared the story on a reading website and found out that people loved it. They admired the honesty of his writing and the emotions his story evoked.

David was excited about the idea that his writing could reach people and move their hearts. He realized that perfection wasn't necessary, but expressing oneself sincerely and creatively was all that was truly needed. He didn't let the fear of failure hold him back and continued writing tirelessly.

His stories became beloved worldwide, and David gained a following of enthusiastic readers. His inspirational storytelling not only attracted many, but it also inspired people to create their own works. He learned about the power of words he could create and share with others.

He often remembered his encounter with the girl Lia, who had opened his eyes to the simple, boundless beauty of storytelling. She was the first light in his darkness and would remain eternally in his heart.

Thus, David rediscovered his inspiration and felt complete as a writer. He understood that the greatest secret of storytelling is letting the words flow freely and expressing oneself sincerely, without fear of criticism. The loss of his writing ultimately led him to a new understanding and the discovery of the true power of words.

La Aventuroj de la Malgranda Kato

En eta kampara domo apud verdaj kampoj kaj foliaraj arboj vivis malgranda kato nomita Mia. Mia estis nura kato, sed ŝi havis grandan kuran aventuron. Ĉiutage ŝi malfermis la fenestron kaj kuris eksteren en la ĝardenon, kie ŝi esploris la naturon kaj renkontis novajn amikojn.

Unu sunluma mateno, kiam Mia saltetis tra la herboj kaj kuris post flugilumantajn flugilojn de farfaloj, ŝi ekvidis iun malkonatan sur la branĉo de arbo. Estis birdo kun malhelaj plumoj kaj mallaŭta kanto.

Mia apenaŭ povis trankviligii sin de sia scivolo, kaj ŝi rampis pli proksimen por pli bone observi la fremdan birdon. La birdo rigardis ŝin per sia brila okulo kaj kantis dolĉan kanton, kiu sonis kiel kanto de la ĉielo.

Tiam, la birdo parolis al Mia. "Mi estas Larko, kaj mi kantas por saluti la novan tagon. Kio estas via nomo?"

Mia ridetis kaj respondis, "Mi estas Mia, kaj mi estas kato. Mi venis el la domo tie ĉi en la kampojn por esplori kaj ekscii pri la natura mondo."

Larko ridetis kun ĝojo kaj invititajn Mian kanti kun ŝi. Mia ne povis kanti kiel birdo, sed ŝi kantis per miaŭoj kaj puradoj. La du amikoj pasigis la matenon kantante kune, kaj ili iĝis plej bona amikoj.

La aventuroj de Mia kaj Larko ne finiĝis per tiu tago. Ili esploris la kampojn kune, malkovrante sekretajn riveretojn, kvietajn kamparajn vojojn, kaj amuzajn ludojn. Ili renkontis aliajn bestojn, kiel la rikolto-sorĉistinon Ĉirkaŭiĝa Leporino kaj la saĝan Griza Sovago.

Dum somero, Mia kaj Larko promenadis sub la ĉielo kaj observis la stelojn kiam la nokto plenlunis. Larko rakontis al Mia pri la misteroj de la nokto kaj kiel la steloj povis rakonti historiojn, kiuj estis multe pli malnovaj ol ili.

Unu tagon, kiam la floroj komencis maturi kaj la arboj komencis kreski, Larko decidis flugi malproksimen por trovi la plej belan kanton. Mia sentis sin sola por unuafoje en longa tempo, sed ŝi sciis, ke ŝi neniam forgesos la amikan birdon, kiu donis al ŝi la donon de la kanto.

Kiam la aŭtuno venis kun siaj multkoloraj folioj, Mia komencis trovi pli da amikoj. Ŝi renkontis la kuraĝan kuniklon Skrapi, kiu ludis kun ŝi en la amasoj de folioj, kaj la pacema arboskorpon Verda, kiu parolis al ŝi pri la graveco de protekti la naturo.

La vintro venis kun sia brila neĝo, kaj Mia senvole ekpensis pri Larko kaj ŝia birda kanto. Ŝi amis la sesonojn kaj la novajn amikojn, kiujn ŝi renkontis, sed ŝi ankaŭ sentis malgrandan malgajnon pri la forpaso de sia birda amikino.

Unu matenon, kiam la neĝo dancis sur la tero kaj la suno lumis palaĵon en la kiezo, Mia eksciis ion mirindan. El la branĉo de arbo elstaris Larko, kun siaj malhelaj plumoj brilantaj en la vintro.

"Mia, mi revenis," diris Larko kun brila rideto. "Mi volis vidi la belan neĝan pejzaĝon kun mia propra okulo, sed mi trovis mian plej karan amikon ankaŭ."

Mia kaj Larko reenunis siajn amikecojn, kaj ili pasigisla vinteron kune. Ili rigardis la neĝajn pejzaĝojn kaj la geflirtantajn neĝerojn, kaj ili kantis kune sub la stelaro de la malvarma nokto.

Tiel, Mia ne plu sentis sin sola. Ŝi havis amikojn en la kampoj, en la arboj, kaj en la ĉielo. Ŝi lernis pri la diversaj aspektoj de la naturo kaj pri la valoro de amikeco kun aliaj estaĵoj.

La sezonoj turniĝis, la printempo venis denove, kaj la ciklo de la vivo daŭrigis sin. Mia restis fidela al sia amiko Larko kaj daŭre esploris la naturon kun ŝiaj kamparaj amikoj.

Mia, la malgranda kato, vivis ĉiutagan aventuron kaj sciis, ke la mondo estas plena de mirindaĵoj, se oni nur rigardas ĉirkaŭ si kun kuraĝa kaj sciva koro. Kaj per sia amikeco kun Larko, ŝi komprenis la belan lingvon de la naturo, kiun ĝi kantas en ĉiu sezono.

The Adventures of the Little Cat

In a small rural house near green fields and leafy trees, lived a little cat named Mia. Mia was just an ordinary cat, but she had a big heart for adventure. Every day, she would open the window and dash out into the garden, where she explored the wonders of nature and made new friends.

One sunny morning, as Mia leaped through the grass and chased after fluttering butterflies, she noticed someone unfamiliar on a tree branch. It was a bird with dark feathers and a soft song.

Mia could hardly contain her curiosity and crept closer to get a better look at the unknown bird. The bird gazed at her with its bright eye and sang a sweet melody that sounded like a song from heaven.

Then, the bird spoke to Mia. "I am Lark, and I sing to greet the new day. What's your name?"

Mia giggled and replied, "I am Mia, and I am a cat. I came from the house over there into the fields to explore and learn about the natural world."

Lark chuckled with joy and invited Mia to sing with her. Mia couldn't sing like a bird, but she sang with meows and purrs. The two friends spent the morning singing together, and they became the best of friends.

The adventures of Mia and Lark didn't end on that day. They explored the fields together, discovering secret brooks, quiet country roads, and fun games. They encountered other creatures like the harvest sorceress Roundabout Rabbit and the wise Gray Owl.

During the summer, Mia and Lark roamed under the open sky and observed the stars when the night fell. Lark told Mia about the mysteries of the night and how the stars could tell stories much older than they were.

One day, as the flowers ripened and the trees began to grow, Lark decided to fly far away in search of the most beautiful song. Mia felt a pang of loneliness for the first time in a long while, but she knew she would never forget her feathery friend who had gifted her with the joy of song.

As autumn arrived with its colorful leaves, Mia started making more friends. She met the brave bunny Scratch, who played with her in the piles of leaves, and the gentle tree spirit Green, who spoke to her about the importance of protecting nature.

Winter came with its brilliant snow, and Mia unintentionally thought of Lark and her bird song. She loved the seasons and her new friends, but she also felt a small sadness at missing her avian companion.

One morning, as the snow danced on the ground, and the sun cast a pale glow on the neighborhood, Mia discovered something marvelous. Perched on a tree branch stood Lark, with her dark feathers glistening in the winter.

"Mia, I've returned," said Lark with a bright smile. "I wanted to see the beautiful snowy landscape with my own eyes, but I also found my dearest friend again."

Mia and Lark resumed their friendship, spending the winter together. They marveled at the snowy landscapes and played under the twinkling stars of the cold nights.

And so, Mia no longer felt alone. She had friends in the fields, in the trees, and in the sky. She learned about the various aspects of nature and the value of friendship with other beings.

The seasons cycled, spring arrived again, and the circle of life continued. Mia, the little cat, lived each day as an adventure and knew that the world was full of wonders, as long as one looked around with a brave and curious heart. And through her friendship with Lark, she understood the beautiful language of nature, sung in every season.

La Miraklo de la Muzika Skatolo

En la malgranda vilaĝo apud la rivero vivis junulo nomita Marco. Li estis fervora muzikisto kaj pasigis la plej grandan parton de sia tempo kunkantante kun sia akordiono. La sonoj, kiuj eliris el la akordiono, portis ĝojon al la homoj de la vilaĝo, kaj li amis, kiam ili ridetis kaj dancis al lia muziko.

Unu tagon, dum lia kutima matena promeno apud la rivero, Marco trovis malgrandan lignan skatolon. Ĝi estis vestita per polva telo, kaj la koloroj sur ĝia ekstero estis estompitaj de la tempo. Li curioze malfermis la skatolon kaj malkovris internan trezoron.

Ene de la skatolo, li trovis malgrandan muzikan mekanismon kun metalaj sonoriloj. La sonoriloj aspektis tre belaj kaj eluzitaj, kaj la mekanismo estis subteksto de kantoj kaj melodioj. Marco eksciis, ke li trovis muzikan skatolon, kaj lia koro plenigis sin per ekscito.

Li turnis la mekanismon, kaj la sonoriloj eksonis, ludante dolĉan melodion. La sonoj estis simile al la sonoriloj de lia akordiono, sed ili sonis kiel pli antikvaj kaj misteraj. La vilaĝanoj venis kaj aŭdis la belan muzikon, kiun la skatolo ludis.

Ili admiradis la muzikon kaj demandis al Marco, de kie li trovis tiun mirindan skatolon. Li rakontis al ili la tutan rakonton pri sia trovaĵo kaj la misteraj sonoj, kiujn ĝi ludis. La homoj de la vilaĝo estis ravitaj, kaj ili petis lin, ke li ludu ĉiutage la muzikan skatolon en la centro de la vilaĝo, por ke ili ĉiuj povu ĝui la harmonion.

Kaj tiel, ĉiutage, Marco ludis la muzikan skatolon en la centro de la vilaĝo. La homoj venis el siaj hejmoj, dancis, kaj kantis al la sonoriloj de la skatolo. La muziko plenigis la aeron per gaja kaj harmonia atmosfero, kaj la vilaĝo iĝis ĉeesto de danco kaj festo.

Tamen, kun la pasinteco de tempo, la muzikan skatolon komencis malfunkcii. Kelkaj el la sonoriloj ne plu sonis, kaj la muziko iĝis malpli dolĉa. Marco zorgis pri la skatolo kaj provis ripari ĝin, sed li ne sukcesis, kaj la sonoriloj restis mutaj.

La homoj de la vilaĝo estis malfeliĉaj, ĉar ili amis la muzikon de la skatolo. Ili ripetis, ke ili ne povas imagi la tagon sen ĝi. Marco sentis sin trista, ĉar li ne volis malĝoji ilin, kaj li ne sciis, kion fari.

Tiam, unu vesperon, kiam li sidis apud la malnova skatolo kaj rigardis la mutajn sonorilojn, io mirinda okazis. La sonoriloj komencis soni memspurite, ludante muzikon pli belan ol iam ajn. La harmoniaj sonoj plenigis la ĉambron, kaj Marco miris la miraklon.

Li tuj ekvidis, ke la skatolo estis vivanta, ke ĝi sentis la ĝojon de la homoj, kiuj ĝuis ĝian muzikon, kaj ke ĝi volis plu doni al ili la donon de la muziko. La sonoriloj daŭrigis soni, kaj la muziko estis pli potenca ol iam ajn.

La vilaĝanoj aŭdis la muzikon kaj kuris al la loko, kie Marco sidis kun la mirinda skatolo. Ili ĝojis kaj dancis al la ritmo de la muziko, kiu denove plenigis ilian koron per ĝojo kaj harmonio.

La muzika skatolo estis nun pli speciala ol antaŭe. Ĝi vivis en la vilaĝo kaj donis al la homoj la plej belajn melodiojn, kiujn ili iam aŭdis. Kaj la homoj aŭdis la muzikon de la skatolo ĉiutage, dankante la miraklon, kiu estis en ilia mezo.

Kaj tiel, la vilaĝo vivis feliĉe kaj harmonie, dank' al la muzika skatolo, kiu donis al ili la donon de muziko kaj amon. La muziko daŭris soni tra la tagoj kaj la noktoj, kaj la homoj ĉiam rememoris la miraklon, kiu alvenis en ilian vivon.

The Miracle of the Musical Box

In the small village by the river, lived a young man named Marco. He was an avid musician and spent most of his time playing his accordion. The sounds that flowed from his accordion brought joy to the people of the village, and he loved it when they smiled and danced to his music.

One day, during his usual morning walk by the river, Marco came across a small wooden box. It was covered in dusty fabric, and the colors on its exterior had faded with time. He curiously opened the box and discovered an inner treasure.

Inside the box, he found a small music mechanism with metal chimes. The chimes looked very beautiful and well-worn, and the mechanism was adorned with inscriptions of songs and melodies. Marco realized that he had found a music box, and his heart swelled with excitement.

He turned the mechanism, and the chimes began to play a sweet melody. The sounds were similar to those of his accordion, but they had an older and more mysterious quality to them. The villagers came and heard the beautiful music that the box played.

They admired the music and asked Marco where he had found this wondrous box. He told them the whole story of his discovery and the mysterious sounds it played. The villagers were delighted, and they asked him to play the music box in the village square every day so that they could all enjoy the harmony.

And so, every day, Marco played the music box in the village square. People came from their homes, danced, and sang along to the chimes of the box. The music filled the air with a joyful and harmonious atmosphere, and the village became a place of dance and celebration.

However, with the passage of time, the music box began to malfunction. Some of the chimes no longer sounded, and the music became less sweet. Marco cared for the box and tried to repair it, but he was unsuccessful, and the chimes remained silent.

The villagers were saddened because they loved the music of the box. They repeated that they couldn't imagine a day without it. Marco felt sad because he didn't want to disappoint them, and he didn't know what to do.

Then, one evening, as he sat by the old box and looked at the silent chimes, something miraculous happened. The chimes began to sound on their own, playing music more beautiful than ever before. The harmonious sounds filled the room, and Marco marveled at the miracle.

He immediately realized that the box was alive, that it sensed the joy of the people who enjoyed its music, and that it wanted to continue giving them the gift of music. The chimes kept playing, and the music was more powerful than ever.

The villagers heard the music and rushed to the spot where Marco sat with the miraculous box. They rejoiced and danced to the rhythm of the music, which once again filled their hearts with joy and harmony.

The musical box was now more special than ever. It lived in the village and gave the people the most beautiful melodies they had ever heard. And the people heard the music of the box every day, thanking the miracle that had come into their lives.

And so, the village lived happily and harmoniously, thanks to the musical box that gave them the gift of music and love. The music continued to play through the days and nights, and the people always remembered the miracle that had entered their lives.

La Dolĉa Aventuro de Kukbako

En malgranda vilageto, en la mezo de verda kamparo, loĝis junulino nomita Maria. Ŝi estis konata en la tuta komunumo pro ŝia kapablo baketi kaj prepari plej bonegajn dolĉaĵojn. Ŝia sperto en la kuirarto igis ŝin fama, kaj ŝi ĉiam sentis plezuron kunhavigi siajn kreadojn kun aliaj.

Unu bela somera tago, Maria ekpensis, "Hodiaŭ estas la tago por io vere speciala. Mi bakos la plej mirindan kukon, kiun ĉiu povos gustumi kaj ami."

Ŝi prenis sian plej bonan kukrecepton, kiun ŝi konservis en sia malnova kuirlibro, kaj ekiris al la vilaĝa butiko por acxeti ĉiujn bezonatajn ingrediencojn. Ŝi elektis la plej freŝajn ovojn, la plej puran vanilinon, kaj la plej aroman cikon, kiun ŝi povis trovi.

Maria revenis hejmen, metis siajn ŝortojn kaj flanelon antaŭen, kaj ekigis sian kuiradon. Ŝi komencis prepari la kukmasojn. La dolĉa aromo de la vanilo kaj la cikono plenigis ŝian kuirejon, farante ĝin sentiĝi kiel la plej bonodoranta loko en la mondo.

Kiam la maso estis preta, Maria transŝutis ĝin en la kukpanon kaj prenis la plej precizan ŝercilon, kiun ŝi posedis. Ŝi fine metis la kukpanon en la varma forno kaj rigardis la oran lumon brili tra la vitro de la forno.

Dum la kukpano estis en la forno, Maria ne povis rezisti la tenton gustumi la sukerplena maso. Ŝi prenis etaĵon kaj sentis la dolĉan kaj vanilan guston, kiu ŝajnis fandiĝi en ŝia buŝo.

Post kelkajn momentojn, la forno elsendis la plej tenteman aromaĵon, kaj Maria sciis, ke ŝia kukpano estas preta. Ŝi elprenis ĝin el la forno kaj lasis ĝin kvietiĝi.

Kiam la kuko iĝis sufiĉe malvarma, Maria ekpensis pri la glazuro. Ŝi faris ĝin kun freŝa sukero, iom da lakto, kaj delikata gusto de vanilo. La glazuro glitis sur la kukon kiel blanka rivero de dolĉeco.

La kuko estis preta, kaj ĝi aspektis kiel vera artaĵo. Maria estis kontenta pri sia laboro kaj ekpensis, "La plej bona parto de bakado estas la ŝaresado de ĝia rezulto kun amikoj kaj najbaroj."

Ŝi metis la kukon en belan ujon kaj forportis ĝin al la najbara kafejo, kie homoj renkontiĝis kaj babilis. Kiam ŝi eniris la kafejon, la homoj turnis siajn kapojn kaj sentis la dolĉan aromon, kiu sekvigis ŝin.

Maria rakontis al ili pri sia aventuro en bakado kaj pri la kuko, kiun ŝi venigis. La homoj estis ekscitaj kaj malaperigis per siajn asojn al la najbara tablo, kie ili atendis kun nespezi taŭgado de la delikaturo.

Kiam la unua tranĉo de kuko estis pritrinkita, la reakcioj estis miregindaj. La homoj savis, ke ĝi estis la plej bona kukbako, kiun ili iam gustis. Ili savis la dolĉan kaj vanilan guston, kiu eksplodis en iliaj buŝoj, kaj ili dankis Marian por la gustpleno.

Maria feliĉis, ke ŝia kuko faris homojn feliĉaj, kaj ŝi sciiĝis, ke la plej granda ĝojo de bakado estas vidi, kiel la manoj kaj la koro povas krei ion belan kaj gustplenan, kio kunigas homojn kaj plenigas ilian vivon per dolĉaĵoj kaj amikeco.

The Sweet Adventure of Cake Baking

In a small village, nestled amidst a green countryside, lived a young woman named Maria. She was well-known throughout the community for her baking skills and her ability to create the most delicious desserts. Her expertise in the culinary arts had earned her a reputation, and she took great pleasure in sharing her creations with others.

One beautiful summer day, Maria thought to herself, "Today is the day for something truly special. I will bake the most amazing cake that everyone can savor and love."

She took out her best cake recipe, which she kept in her old cookbook, and set off to the village store to buy all the necessary ingredients. She chose the freshest eggs, the purest vanilla, and the most aromatic cinnamon she could find.

Maria returned home, donned her apron and flannel shirt, and began her culinary adventure. She started by preparing the cake batter. The sweet aroma of vanilla and cinnamon filled her kitchen, making it feel like the most fragrant place in the world.

When the batter was ready, Maria poured it into the cake pan and picked her most precise spatula. She carefully placed the cake pan in the hot oven and watched as the golden light shone through the oven's glass door.

While the cake was baking, Maria couldn't resist the temptation to taste the sugary batter. She took a small spoonful and savored the sweet and vanilla-rich flavor that seemed to melt in her mouth.

After a few moments, the oven emitted the most tantalizing aroma, and Maria knew her cake pan was ready. She took it out of the oven and let it cool.

When the cake had cooled down sufficiently, Maria thought about the frosting. She prepared it with fresh sugar, a bit of milk, and a delicate touch of vanilla. The frosting glided onto the cake like a white river of sweetness.

The cake was ready, and it looked like a true masterpiece. Maria was satisfied with her work and thought, "The best part of baking is sharing its result with friends and neighbors."

She placed the cake in a beautiful dish and carried it to the neighboring café, where people gathered and chatted. When she entered the café, heads turned, and the sweet aroma that followed her filled the air.

Maria shared her baking adventure and the cake she had brought with her fellow villagers. They were excited and quickly disappeared to their seats at the neighboring table, where they eagerly awaited the divine treat.

As the first slice of cake was savored, the reactions were amazing. People knew that it was the best cake they had ever tasted. They relished the sweet and vanilla-rich flavor that exploded in their mouths, and they thanked Maria for the delightful indulgence.

Maria was overjoyed that her cake had made people happy, and she realized that the greatest joy of baking was seeing how hands and hearts could create something beautiful and flavorful, uniting people and filling their lives with sweetness and friendship.

29

La Kafejo de Varma Kafeo

En la centro de urbo kuŝis malgranda kafejo nomita "Varma Kafeo". Ĝi estis kaŝita trezoro, kie homoj el la urbo venis por renkonti, rilati, kaj sperti varman kaj bonan kafon. La kafejo estis kviete bele dekorita, kun etaj tabloj kaj ŝuoj, kiuj estis kiel abrazoj por la lernantoj kaj verkistoj.

Ĉiutage, je la sesa matene, la maljuna kafejestro Roberto malfermis la pordon de "Varma Kafeo". Liaj longaj grizaj barbo kaj bonhumora rideto estis konataj por la regula klientaro. Li amis kaj zorgis pri la kafejo, kaj lia pasio por la kafeaj aromoj estis senfina.

Roberto ricevis la unuan viziton de la tago de la fidela kliento nomita Elena. Ŝi estis juna artistino, kiu ofte venis por trovi inspiraĵon. Ŝi salutis Roberto'n kaj diris, "Kiel vi fartas, Roberto? Mi scias, ke mi trovos mian inspiraĵon hodiaŭ."

Roberto prenis la plej bonajn kafeerojn kaj alportis al ŝi tason da varma kafecaĵo. La fragrancaj vaporoj leviĝis el la taso, kaj Elena enspiris la profundan aromon antaŭ ol ŝi trinkis. Ŝi ekdormis siajn pensojn kaj komencis desegni sur sia skribtablo.

Malmulte poste, alvenis grupo de gepatroj kun siaj infanoj. La gepatroj devis interparoli pri la laboro kaj la tagaj taskoj, dum la infanoj ludis kaj trinkis ĉokoladon. Roberto sciiĝis pri ĉiu membro de la grupo, kaj li nomis la infanojn per iliaj plej ŝatataj desertoj.

Kiam la posttagmezo alvenis, junuloj kaj junulinoj el la lernejo venis al la kafejo. Ili havis siajn lernolibrojn kaj komencis studi kaj fari siajn hejmtaskojn. Roberto starigis grandan termometran vazon de varma ĉokolado por ili, kaj ili laboris kaj rilatis en la trankvila kafea ambiente.

Post kiam la lastaj lernantoj foriris, Roberto klopodis priparoli sian laboron. Li sidadis apud sia kafo kaj pripensis pri la renkontoj kaj interparoloj, kiuj okazis ĉiutage en lia amata kafejo. Li komprenis, ke la kafejo ne estis nur loko por trinki kafo, sed ankaŭ loko por interkoniĝi, senti sin hejme, kaj trovi pacon en la bruo de la urbocentro.

Ĉiu el tiuj renkontoj kaj interparoloj faris "Varma Kafeo" pli ol simple kafejo. Ĝi iĝis loko por amikeco, inspiraĵo, kaj paŭzo en la ĉiutaga vivo de la homoj. La ridetoj kaj varmaj vortoj, kiuj plenigis la kafejon, estis la plej bonaj aromoj, kiujn oni povis imagi.

Roberto fermis la kafejon post longa tago kaj rigardis ĉirkaŭ si kun kontenta rideto. Li sciis, ke lia kafejo estis speciala loko en la urbo, kie homoj povis trovi amikecon, kuraĝon, kaj bongustan kafon.

La sekvanta mateno, je la sesa horo, la pordo de "Varma Kafeo" malfermiĝis denove, kaj la abonklientaro revenis por alia tago de renkontoj kaj bongustaj aromaĵoj. La kafejo de Roberto restis la varma kaj gastama loko, kiu alportis ĝojon kaj kuraĝon al ĉiuj, kiuj transpaŝis ties sojlon.

The Café of Warm Coffee

In the heart of the city lay a small café named "Warm Coffee." It was a hidden treasure where people from the city came to meet, connect, and experience warm and good coffee. The café was elegantly decorated with small tables and chairs that felt like cozy hugs for students and writers.

Every day, at six in the morning, the elderly café owner, Roberto, opened the doors of "Warm Coffee." His long gray beard and good-natured smile were well-known to the regular customers. He loved and cared for the café, and his passion for the coffee aromas was boundless.

Roberto received the first visit of the day from a loyal customer named Elena. She was a young artist who often came to find inspiration. She greeted Roberto and said, "How are you, Roberto? I know I'll find my inspiration today."

Roberto prepared the finest coffee beans and brought her a cup of warm coffee. The fragrant steam rose from the cup, and Elena inhaled the deep aroma before taking a sip. She quieted her thoughts and began to sketch on her notepad.

Shortly after, a group of parents with their children arrived. The parents had to discuss work and daily tasks while the children played and enjoyed hot chocolate. Roberto knew each member of the group, and he named the children after their favorite desserts.

As the afternoon arrived, young boys and girls from the school came to the café. They had their textbooks with them and began studying and doing their homework. Roberto set up a large thermos of hot chocolate for them, and they worked and socialized in the peaceful café atmosphere.

When the last students left, Roberto contemplated his work. He sat by his coffee and reflected on the encounters and conversations that happened every day in his beloved café. He understood that the café wasn't just a place to have coffee but also a place to meet, feel at home, and find peace in the midst of the city's hustle and bustle.

Each of those encounters and conversations made "Warm Coffee" more than just a café. It became a place for friendship, inspiration, and a pause in people's daily lives. The smiles and warm words that filled the café were the best aromas one could imagine.

Roberto closed the café after a long day and looked around with a content smile. He knew that his café was a special place in the city, where people could find friendship, courage, and great coffee.

The following morning, at six o'clock, the door of "Warm Coffee" opened again, and the loyal clientele returned for another day of encounters and delightful aromas. Roberto's café remained the warm and hospitable place that brought joy and courage to all who crossed its threshold.

Taga Vojaĝo al la Strando

Unu sunluma mateno, Karlo kaj Lia familio eksidis en sian aŭton kun la planoj por taga vojaĝo al la strando. Karlo longe sopiris pri la brilo de la suno, la ondoj de la maro, kaj la kantado de la marbirdoj.

Ili foriris el sia domo kaj ekiris en la vojaĝon tra verda kamparo. La infanoj fiksis sian rigardon sur la horizonto, ekvidante la promesplenan maron en la distanco. La aŭto estis plena je antaŭvido kaj ekscito.

Fine, ili alvenis al la strando. Karlo kaj liaj fratoj kuris al la marbordo, kaj ili aŭdis la bruan sonon de la ondoj frapantaj la bordon. La maro estis blua kaj sana, etendante sin tiel malproksimen, kiom la okulo povis vidi.

Karlo foriris for de la maro, kun la sablo inter siaj piedoj. Liaj gepatroj starigis sian plaĝostoladon kaj ekfiksis la grandan ombrelon, por havi ombro en la varmega suno.

La familio pasigis la tagon ludante en la marakvaj ondoj kaj konstruante sablajn kastelojn sur la strando. Karlo trovis konkojn kaj ŝelojn kaj kolektis ilin en sia sablosako kiel siajn trezorojn.

Post iom da tempo, liaj gepatroj etendis mantukon sur la sablon kaj aranĝis la pli fruajn manĝaĵojn, kiuj inkludis fruktojn, sandviĉojn, kaj refreŝigajn trinkaĵojn. La manĝo estis simpla, sed la vidaĵo al la strando igis ĝin speciala.

Post la manĝo, Karlo kaj liaj fratoj ekproksimiĝis al la maro, kaj ili ekvidis fiŝojn, kiuj naĝis sub la akvo. Ili entuziasme provis kapti iun fiŝon per siaj manskaptiletoj, sed la fiŝoj estis tro rapidaj por ili.

Vespero alproksimiĝis, kaj la familio ekprenis siajn aferojn kaj komencis prepariĝi por foriri. Karlo rigardis la sunsubiron super la maro, kaj li sentis, ke li volus resti ĉiam ĉe la strando. Li promesis al si, ke ili reiros al la strando baldaŭ.

Kiam ili revenis hejmen, la infanoj estis elĉerpitaj, kaj ili elŝutis sian sabloplenigitan veston. Karlo foriris al sia ĉambro kaj trinkis glason da akvo, rigardante la konkojn kaj ŝelojn, kiujn li kolektis. Li memoris la varmegan sunon, la sonon de la maro, kaj la ridojn de sia familio.

La taga vojaĝo al la strando estis tago, kiun Karlo ĉiam gardos en sia kor. Li sciis, ke la maro estis loko, kie li povis pasigi senĉesan amuzan kaj feliĉan tempon kun sia familio, kaj kie li povis senti sin libera kaj vivanta. La memoro pri tiu tago restos kun li por ĉiam, kaj li revenos al la strando kun pli da aventuroj kaj amuzejoj en la estonteco.

A Day Trip to the Beach

One sunny morning, Karlo and his family climbed into their car with plans for a day trip to the beach. Karlo had longed for the brightness of the sun, the sea's waves, and the songs of the seabirds.

They left their home and set out on the journey through the green countryside. The children fixed their gaze on the horizon, seeing the promising sea in the distance. The car was filled with anticipation and excitement.

Finally, they arrived at the beach. Karlo and his siblings rushed to the shoreline, where they heard the loud sound of the waves crashing against the shore. The sea was blue and inviting, stretching as far as the eye could see.

Karlo wandered away from the sea, feeling the sand between his toes. His parents set up their beach chairs and unfurled a large umbrella to provide shade in the scorching sun.

The family spent the day playing in the frothy waves and building sandcastles on the shore. Karlo found seashells and collected them in his beach bag as his treasures.

After a while, his parents spread a blanket on the sand and arranged the early snacks, which included fruits, sandwiches, and refreshing drinks. The meal was simple, but the beach outing made it special.

Following the meal, Karlo and his siblings approached the sea and spotted fish swimming beneath the water. They excitedly tried to catch a fish with their hand nets, but the fish proved too quick for them.

As evening approached, the family began to gather their belongings and prepare to leave. Karlo gazed at the sunset over the sea and felt like he could stay at the beach forever. He promised himself that they would return soon.

Upon returning home, the children were exhausted, and they removed their sand-filled clothing. Karlo went to his room and had a glass of water, looking at the seashells he had collected. He remembered the warm sun, the sound of the sea, and the laughter of his family.

The day trip to the beach was a day that Karlo would always keep in his heart. He knew that the sea was a place where he could spend endless fun and joyful moments with his family and feel free and alive. The memory of that day would stay with him forever, and he would return to the beach with more adventures and amusements in the future.

La Pescisto de la Tranquila Rivero

En la malgranda vilageto apud rivero vivis viro nomita Martino. Li estis pescisto, kiu ĉiumatene frue levadisĝis por vojaĝi al la rivero kaj pesci. Lia boato, nomita "Blua Kano," estis lia fidela kunulo en lia ĉiutaga aventuro.

Ĉiutage antaŭ la sunleviĝo, Martino prenis sian reton, fisxilon, kaj korbon por fiŝkapto, kaj li eniris la "Bluan Kanon." Li ŝoviĝis for de la riverbordo kaj komencis sian tagon en la loko, kiu donis al li pacon kaj sencancon.

La rivero estis malvarma kaj serena en la frua mateno, kaj la surteraj arboj rifuĝis en la spegulo de la akvo. Martino plenumis sian taskon per pacienco kaj respekto al la rivero, kiu donis al li sian vivon.

Kiam la suno leviĝis super la horizonto, Martino ekkaptis sian unuan fiŝon de la tago. Ĝi brilis sub la sunlumo kiel puraj juveloj en la malfonda akvo. Martino liberigis la fiŝon post kaptado kaj diris, "Mi dankas la riveron por ĉi tiu donaco."

Dum la sekvantaj horoj, li daŭre fisakis kaj eksploris la serenan riveron. Li povis senti la dolĉan susuron de la akvo kaj aŭdi la kantadon de la birdoj, kiuj alvenis al la akvo por trovi siajn proprajn tagmanĝojn.

Vespere, li reeniris la vilageton kun siaj kaptoj. La homoj de la vilageto estis ĝojaj pri la fiŝoj, kiujn li alportis, kaj ili sciiĝis pri lia aventuro ĉe la rivero. Martino dividis sian kaptojn kun la aliaj kaj donis al la najbaroj.

Tiu vespero, kiam li sidis ĉe la vespermanĝo kun sia familio, Martino sentis sin kontenta kaj dankema pri sia laboro kiel pescisto. Li sciis, ke la rivero estis kiu donis al li sian subtenon kaj la ŝancon vivi en harmonio kun la naturo.

La pescisto de la malgranda vilageto havis simplan vivon, sed li havis la plej grandan trezoron - la rilaton kun la rivero kaj la kapablon danki ĝin por ĉiuj donacoj, kiujn ĝi ofertis. Li sciis, ke lia estonteco estis ligita al la rivero kaj la paĉjo, kiun li heredis de siaj prapatroj.

The Fisherman of the Tranquil River

In a small village by the river, lived a man named Martino. He was a fisherman who woke up early every morning to journey to the river and fish. His boat, named "Blue Canoe," was his faithful companion in his daily adventure.

Every day, before the sunrise, Martino took his net, fishing rod, and basket for his catch and boarded the "Blue Canoe." He pushed away from the riverbank and started his day in the place that gave him peace and purpose.

The river was cool and serene in the early morning, and the trees on the riverbanks were mirrored in the water's surface. Martino fulfilled his task with patience and respect for the river that provided him his livelihood.

As the sun rose over the horizon, Martino caught his first fish of the day. It glistened under the sunlight like pure jewels in the shallow water. Martino released the fish after catching it and said, "I thank the river for this gift."

During the following hours, he continued to fish and explore the tranquil river. He could feel the gentle murmur of the water and hear the birds' songs as they came to the water to find their own meals.

In the evening, he returned to the village with his catch. The villagers were happy with the fish he brought, and they learned about his adventure at the river. Martino shared his catch with the others and gave to the neighbors.

That evening, as he sat at dinner with his family, Martino felt content and thankful for his work as a fisherman. He knew that the river was the one that supported him and provided him with the chance to live in harmony with nature.

The fisherman of the small village had a simple life, but he possessed the greatest treasure - the connection with the river and the ability to thank it for all the gifts it offered. He knew that his future was tied to the river and the legacy he inherited from his ancestors.

La Forgesema Instruisto

En malgranda lernejo en la centro de la urbo laboris instruisto nomita Estela. Ŝi estis afabla kaj kompetenta instruisto, sed ŝi havis unu problemon - ŝi estis tre forgesema. Ŝiaj lernantoj ofte skuis la kapon, ĉar ŝi forgesis gravajn detalojn pri la lecionoj kaj ofte misloĝis siajn lecionojn.

Ĉiu tago estis nova aventuro por Estela kaj ŝiaj lernantoj. Kiam ŝi instruis matematikon, ŝi foje forgesis la vortojn de la problemoj, kaj ĝi fine turniĝis en ludon por la lernantoj por helpi ŝin rememori. Foje, ŝi komencis rakonti pri la historio de Eŭropo en lernado pri la geografio.

Unu tagon, Estela devis kunlabori kun sia kolego Samuelo pri organizado de kultura prelego por la lernejo. Ŝi prenis la taskon sur sin kaj promesis priparoli la detalojn de la evento kun liaj lernantoj.

Tamen, la grava tago alproksimiĝis, kaj Estela tute forgesis pri la evento. La lernantoj venis al ŝi kun multaj demandoj, sed ŝi ne povis respondi ĉar ŝi havis neniun informon. Samuelo miris, kiel ŝi povis forgesi ion tiel gravan.

La lernantoj devis savi la situacion. Ili kolektis informon pri la evento, kaj kiam la tago de la prelego venis, ili prezentis ĝin mem, fakte sciantan pli pri la kulturo ol la instruisto. Estela estis hontega, sed ŝi komprenis, ke ŝi devas labori pri sia forgesemo.

Ŝi ekuzis pliigstrategiojn por memorado, skribante rimedojn kaj listojn por siaj lecionoj. Ŝi ankaŭ komencis uzi mnemonikojn por helpi ŝin memori detalojn pri sia laboro. Ŝiaj lernantoj observis ŝian determinon kaj ŝiajn ŝanĝojn, kaj ili komencis senti pli da respekto por ŝi.

Estela eĉ faris ludon el sia forgesemo. Ŝi invitis siajn lernantojn ludi memorludon, kie ili devis rememori kaj ripeti la ĉiutagan horaron de la lernejo. La lernantoj amuziĝis, kaj la ludo vere helpis ŝin memori sian horaron.

Subite, ŝi ekkomprenis, ke ŝia forgesemo ne estis ŝia plej granda malfacileco. Ŝi povis turni ĝin en ŝancon por lerni pli kaj esti krea en sia instruado. Estela komencis uzi siajn unikajn spertojn kiel instruilojn kaj memoreblajn ekzemplojn por siaj lernantoj.

Estela iĝis ne nur instruisto, sed ankaŭ lernanto, kaj ŝi sciis, ke neniu estas perfekta. Tamen, ŝi sciis, ke la volo lerni kaj plibonigi sin estas la plej gravaj aferoj en eduko. Ŝi estis feliĉa, ke ŝia forgesemaĵo ne haltigis ŝin, kaj ŝi daŭrigis esti afabla kaj aprezita instruisto en sia lernejo.

The Forgetful Teacher

In a small school in the city center, there worked a teacher named Estela. She was a kind and competent instructor, but she had one problem - she was incredibly forgetful. Her students often shook their heads as she forgot important details about the lessons and frequently mixed up her lessons.

Every day was a new adventure for Estela and her students. When she taught mathematics, she sometimes forgot the words of the problems, turning it into a game for the students to help her remember. Occasionally, she started talking about the history of Europe in a geography lesson.

One day, Estela had to collaborate with her colleague Samuel on organizing a cultural lecture for the school. She took on the task and promised to discuss the details of the event with her students.

However, the crucial day approached, and Estela completely forgot about the event. The students came to her with many questions, but she couldn't answer because she had no information. Samuel wondered how she could forget something so important.

The students had to save the situation. They gathered information about the event, and when the day of the lecture arrived, they presented it themselves, actually knowing more about the culture than the teacher. Estela was embarrassed, but she realized she had to work on her forgetfulness.

She began using memory-enhancing strategies, writing notes and lists for her lessons. She also started using mnemonics to help her remember details about her work. Her students observed her determination and changes, and they began to feel more respect for her.

Estela even turned her forgetfulness into a game. She invited her students to play a memory game, where they had to remember and repeat the school's daily schedule. The students had fun, and the game genuinely helped her remember her timetable.

Suddenly, she understood that her forgetfulness wasn't her biggest difficulty. She could turn it into an opportunity to learn more and be creative in her teaching. Estela began using her unique experiences as tools and memorable examples for her students.

Estela became not only a teacher but also a learner, and she knew that nobody is perfect. However, she knew that the willingness to learn and improve is the most important thing in education. She was happy that her forgetfulness didn't stop her, and she continued to be a kind and appreciated teacher in her school.

La Teo-Partio de la Elefantoj

En granda savano vivis grupo da amikemaj elefantoj. Ili estis inter la plej saĝaj kaj graciozaj bestoj de la tero, kaj ili amis festi specialajn okazojn. Unu tagon, unu el la elefantoj nomita Ella venis kun brila ideo: ŝi proponis organizi grandan teo-partion por ĉiuj elefantoj de la regiono.

La ideo pri la elefantoj trinkantaj teon kaj ĝuante dolĉajn manĝaĵojn ĉe la granda ombro de la savanaj arboj ekkaptis la korojn de ĉiuj. La elefantoj baldaŭ komencis plani la feston.

La tago de la teo-partio venis, kaj la elefantoj estis ekscitaj. Ili komencis pretiĝi de bonega frua mateno. La plej granda elefanto, Viktoro, estis respondeca por kuirado de la teo. Li kolektis foliojn el la arbustoj, kies gustaj folioj estis ideaj por infuzado. Li serioze faris la teon kaj poste la malvarman trinkaĵon, kiu plaĉis al ĉiuj.

Anna, la elefanto, estis la gasto de honoro kaj portis blankan veston. Ella aranĝis la lokon sub granda arbo, kie ili povus ĝui la teon kaj la dolĉaĵojn. Li faris belegan tablon kovritan per floraj drapoj kaj multaj fruktoj de la regiono.

La teo-partio ekis, kiam la elefantoj sidiĝis ĉirkaŭ la granda tablo kaj komencis paroli kaj ridi. Ili degustis la bongustan teon kaj manĝis kukojn, kiuj estis faritaj el la dolĉaj fruktoj de la regiono.

La elefantoj parolis pri la aferoj en la savano, pri la amikeco inter ili, kaj pri la beleco de ilia hejma medio. Ili rigardis la verdan pejzaĝon ĉirkaŭe kaj aŭskultis la kantojn de la birdoj.

Dum la festo, Ella proponis ludi tradician ludon nomita "Elefantoj en la Herbo." Ĉiuj elefantoj ĝojis kaj partoprenis en la ludo, kiu kombinis movadon kaj amikecon.

La teo-partio daŭris la tutan tagon, kaj la elefantoj feliĉis pro la rilato kaj amikeco, kiujn ili spertis.

Vespere, kiam la suno subiris, la elefantoj kore kisis unu la alian kaj promesis organizi pli da teo-partioj en la estonteco. Ili sciis, ke la plej graciaĵo en la mondo estas havi amikojn kun kiuj oni povas bontempe ĝui la momentojn kaj partopreni la ĝojon de la vivo.

The Elephant Tea Party

In a vast savannah, a group of friendly elephants lived. They were among the wisest and most graceful creatures on Earth, and they loved to celebrate special occasions. One day, one of the elephants named Ella came up with a brilliant idea: she proposed organizing a grand tea party for all the elephants in the region.

The idea of elephants sipping tea and enjoying sweet treats in the shade of the savannah trees captured everyone's hearts. The elephants soon began planning the party.

The day of the tea party arrived, and the elephants were excited. They started getting ready from early in the morning. The largest elephant, Victor, was in charge of brewing the tea. He collected leaves from the bushes, whose flavorful leaves were perfect for infusing. He carefully made the tea and then the refreshing beverage that everyone would enjoy.

Anna, the elephant of honor, wore a white dress. Ella arranged the space under a large tree, where they could savor the tea and the sweets. She set up a beautiful table covered with floral cloths and an abundance of local fruits.

The tea party began as the elephants sat around the grand table, chatting and laughing. They sipped the delicious tea and savored cakes made from the sweet fruits of the region.

The elephants talked about life in the savannah, their friendship with each other, and the beauty of their natural surroundings.

They gazed at the green landscape around them and listened to the songs of the birds.

During the party, Ella suggested playing a traditional game called "Elephants in the Grass." All the elephants enjoyed and participated in the game, which combined movement and friendship.

The tea party continued throughout the day, and the elephants were happy about the connection and camaraderie they experienced.

In the evening, as the sun set, the elephants warmly embraced each other and promised to organize more tea parties in the future. They knew that the greatest gift in the world is to have friends with whom one can joyfully savor the moments and share the happiness of life.

La Futbal-Ludo

En granda stadio, situanta en la centro de la urbo, du rivalaj teamoj preterpaŝis la verdan kampon. La tago estis brila kaj varma, ideala por futbal-ludo. Tiu ludo estis speciala, ĉar ĝi estis finalo de la prestiĝa Cetra Kupolo.

La unua teamo, "Flugaj Leonoj," estis konata pro sia rapideco kaj agresiveco. La alia teamo, "Trankvilaj Fajfoj," havis fortan defensivon kaj kapablon reteni siajn kontraŭulojn. La spektantoj ĉirkaŭe la kampo staris kun brilantaj okuloj, pretaj por vidi la spektaklan eventon.

La arbitro blovis sian pifon, kaj la ludo komenciĝis. La Flugaj Leonoj ekhavis la pilkon kaj rapide inciĝis en la defensivon de la Trankvilaj Fajfoj. La ludo estis rapida, kun la pilko saltanta de unu flanko al la alia. La du teamoj batalis pro ĉiu centimetro da la kampo.

La unua golŝanco venis por la Flugaj Leonoj, kiam ilia plej rapida atakanto, Karlo, ekdriblis tra la defensivo de la Trankvilaj Fajfoj. Li prenis tra la pilkon tra la aero, frapante ĝin per sia kapo, sed la golesto de la Trankvilaj Fajfoj, Mario, ĵetis sin en la vojon kaj blokis la frapon. La spektantoj aplaŭdis la bravon de Mario.

Dum la unua tempo, ambaŭ teamoj havis plurajn golŝancojn, sed la defendoj estis fortaj. La Flugaj Leonoj provis ataki rapide, dum la Trankvilaj Fajfoj trankvile defendis kaj serĉis oportunojn por kontraŭataki.

La dua tempo komenciĝis kun pliigita ekscito. Ambaŭ teamoj sentis la neceson gajni la Cetran Kupon. La Flugaj Leonoj denove provis ataki, kaj ilia atakanto, Sofia, ricevis perfektan pason kaj frapis la pilkon en la koston de la Trankvilaj Fajfoj.

La Trankvilaj Fajfoj ne devigis sin perdi esperon. Ili ripostis per rapida kontraŭatako, en kiu ilia atakanto, Marco, frapis la pilkon en la travecon de la Flugaj Leonoj. La stadio eksplodis je ĝojo, ĉar Marco festis sian golaĵon.

La tempo finiĝis kun egalaj rezultoj, kaj la spektantoj estis ekscititaj. La ludo iris en ekstratempo, kie la Flugaj Leonoj havis pli da golsancoj, sed la Trankvilaj Fajfoj defensis kun forto kaj kuraĝo.

Fine, la Flugaj Leonoj ricevis kornerfrapon, kaj Karlo prenis la pilkon. Li ekflugis tra la aero, frapante ĝin per sia kapo, kaj la pilko eniris en la goleston. La Flugaj Leonoj venkis la finalon de la Cetra Kupolo, kaj ili festis sian venkon.

La spektantoj aplaŭdis ambaŭ teamojn pro ilia mojosa ludo kaj venkis kaj venkitaj egalraj honoris unu la alian. La Flugaj Leonoj estis la ĉampionoj de la Cetra Kupolo, sed la memoro pri tiu granda futbal-ludo restis en la koroj de ĉiuj, kiuj ĉeestis ĝin.

The Soccer Match

In a large stadium, situated in the city center, two rival teams stepped onto the green field. The day was bright and warm, ideal for a soccer match. This game was special because it was the final of the prestigious Central Cup.

The first team, the "Flying Lions," was known for their speed and aggressiveness. The other team, the "Tranquil Whistles," had a strong defense and the ability to hold their opponents at bay. The spectators surrounding the field stood with shining eyes, ready to witness the spectacular event.

The referee blew his whistle, and the game began. The Flying Lions got the ball and quickly moved into the Tranquil Whistles' defense. The game was fast-paced, with the ball bouncing from one side to the other. The two teams fought for every inch of the field.

The first goal opportunity came for the Flying Lions when their fastest attacker, Karlo, dribbled through the Tranquil Whistles' defense. He chipped the ball in the air, heading it, but the Tranquil Whistles' goalkeeper, Mario, threw himself in the path and blocked the shot. The spectators applauded Mario's bravery.

During the first half, both teams had several goal opportunities, but the defenses were strong. The Flying Lions tried to attack quickly, while the Tranquil Whistles calmly defended and looked for opportunities to counterattack.

The second half began with increased excitement. Both teams felt the need to win the Central Cup. The Flying Lions tried to attack again, and their forward, Sofia, received a perfect pass and struck the ball into the corner of the Tranquil Whistles' goal.

The Tranquil Whistles did not give up hope. They responded with a quick counterattack, in which their forward, Marco, struck the ball into the net of the Flying Lions. The stadium erupted in joy as Marco celebrated his goal.

The game ended with a tied score, and the spectators were thrilled. The match went into overtime, where the Flying Lions had more goal opportunities, but the Tranquil Whistles defended with strength and courage.

Finally, the Flying Lions received a corner kick, and Karlo took the ball. He soared through the air, heading it, and the ball went into the goal. The Flying Lions won the Central Cup final, and they celebrated their victory.

The spectators applauded both teams for their fantastic game, and the victors and the defeated honored each other with equal respect. The Flying Lions were the champions of the Central Cup, but the memory of that great soccer match remained in the hearts of all who witnessed it.

La Muso de la Vindmuelo

En la mezo de vasta kampo staris granda, rustika vindmuelo, kies vastaj ventiloj turniĝis senĉese. En tiu muelo vivis eta muso nomita Mimi. Mimi estis gaja kaj aventura museto, kiu ĉiam serĉis novajn vojojn por esplori sian hejmon.

La vindmuelo estis granda kaj mistera loko por Mimi. Ŝi havis sian malgrandan neston en unu el la kaŝejoj de la muelo, kaj ĉiun tagon ŝi esploris ĝin. La vastaj mekanikaj radoj turniĝis ĉirkaŭ ŝi, kaj la vento fluanta tra la muelo kantis al ŝi en melodio de la kampara vivo.

Mimi amis grimpadi supren al la ŝtupoj de la vindmuelo kaj rigardi la vastan kamparon. El tie ŝi povis vidi, kiel la tero etendiĝis senfine. La verdo de la kampo, la bluo de la ĉielo, kaj la bruo de la vento estis ŝiaj plej grandaj ĝojoj.

Unu tagon, kiam Mimi sidis sur la supraj ŝtupoj, ŝi ekvidis birdon, kiu sidis apud la muelo kaj kantis kanton, kiel ŝi neniam antaŭe aŭdis. Ŝia korpo pleniĝis de emocio, kaj ŝi volis lerni kiel kanti kiel tiu birdo.

Mimi daŭre provis imiti la kanton de la birdo, sed ŝia voĉo estis malgranda kaj malforta. Tamen, ŝi ne donis for, kaj ĉiun tagon ŝi estis tie, provante plibonigi sian kanton.

Post kelkaj semajnoj de praktiko, ŝi denove sidis sur la supraj ŝtupoj kaj ekantadis sian propran kanton. Ŝia voĉo estis pli forta kaj pli bela, kaj ŝi kantis laŭe la kanton de la birdo.

Tiam, la birdo ekflugis al ŝi kaj sidis apud ŝi. Ĝi kantis kun ŝi kaj ensevis ŝin pri la sekretoj de la birdokantoj. Mimi kaj la birdo iĝis amikoj, kaj ili kune kantis kaj ĝojis en la vindmuelo.

La ventiloj de la muelo daŭre turniĝis, kaj la kanto de Mimi kaj la birdo plenigis la aeron. La vindmuelo estis ne nur ilia hejmo, sed ankaŭ la loko de muzika harmonio kaj amikeco.

Mimi ne plu sentis sin sola en la vasta kampo. Ŝi havis sian novan amikon kaj sian propran kanton por kanti. Ŝi sciis, ke ŝi trovis sian propran loko en la mondo, kaj ŝi ĝojis pri ĉiu tago, kiun ŝi povis pasigi en sia ruĝa vindmuelo, kie ŝi vivis kun la kanto de la vento kaj la amikeco de la birdo.

The Windmill Mouse

In the middle of a vast field stood a large, rustic windmill, with its massive blades turning ceaselessly. In that windmill lived a tiny mouse named Mimi. Mimi was a cheerful and adventurous little mouse, always seeking new ways to explore her home.

The windmill was a big and mysterious place for Mimi. She had her small nest in one of the nooks of the windmill, and every day she would explore it. The vast mechanical gears turned around her, and the wind flowing through the mill sang to her in the melody of country life.

Mimi loved climbing up to the steps of the windmill and looking out over the expansive countryside. From there, she could see how the earth stretched out infinitely. The green of the field, the blue of the sky, and the sound of the wind were her greatest joys.

One day, as Mimi sat on the top steps, she spotted a bird perched next to the windmill, singing a song she had never heard before. Her heart swelled with emotion, and she wanted to learn how to sing like that bird.

Mimi continued to try to imitate the bird's song, but her voice was small and weak. Nevertheless, she didn't give up, and every day she was there, trying to improve her singing.

After a few weeks of practice, she sat on the top steps again and started singing her own song. Her voice was stronger and more beautiful, and she sang the bird's song aloud.

Then, the bird flew over to her and perched beside her. It sang along with her and taught her the secrets of bird songs. Mimi and the bird became friends, and they sang and rejoiced together in the windmill.

The windmill's blades continued to turn, and the songs of Mimi and the bird filled the air. The windmill was not only their home but also a place of musical harmony and friendship.

Mimi no longer felt alone in the vast field. She had found a new friend and her own song to sing. She knew that she had found her place in the world and rejoiced in every day she could spend in her little red windmill, where she lived with the song of the wind and the friendship of the bird.